홍도평 재두루미, 날다

시 쓰는 사람들 동인지 제12집

시 쓰는 사람들 제12집

홍도평 재두루미, 날다

인사 말씀

시인은 인간의 자유로운 영혼이 치열하게 고뇌하고 고투하는 과정에서 발생하는 미움, 분노, 공포, 슬픔을 -시-로써 발현해 읽는 이로 하여금 공감과 감동을 일으킵니다.
또한 늘 삶에 존재하는 불안과 불만이라는 정서를 완화, 진정시키고 정화(카타르시스)합니다.

시인은 생존하는 생태의 의미와 이미지의 오묘한 실체를 성찰하고 탐구하고 나아가 개척하고 창조하기 위해 그 속의 은밀한 내성의 울림에 귀를 기울입니다.

우리 〈시 쓰는 사람들〉도 김포 시민들의 고통과 아픔이 시로써 정화되고 그리고 애틋한 감성이 일렁이는 그 공간에 시로써 신선한 행복과 기쁨을 드리기 위해 부단히 노력합니다.

시 쓰기는 매우 어려운 작업입니다.
그러나 김포 시민들에게 우리가 봉사할 수 있는 순수한 수단은 오직 그 것 뿐입니다.

시민들 가슴 가슴마다 우리들이 쓴 시로 모두 채워져 아름답고 행복한 인생 꽃이 활짝 피었으면-

이 책을 만듦에 지원과 협조를 아끼지 않으신 모든 분들께 깊은 감사를 드리고 이 후로도 변함없으신 관심과 격려를 부탁드립니다.

2015년 11월

시 쓰는 사람들 회장 **이 준 안**

격 려 사

나도 시인이 되어 봤으면

시인 여러분! 한 편의 시가 완성되기까지 얼마나 노고가 많으셨습니까?

한 구절 한 구절 시를 읽어가며 음미해 보니 어찌 그리 보고 느낀 감정을 문장으로 묘사를 잘 하셨는지 감탄사가 절로 나옵니다.

어느 때는 가슴이 아려오고 어느 때는 그리움이 더욱 깊어지는가 하면 기쁨과 즐거움이 가득하여 가슴 벅찬 행복을 느끼게 하고, 또 어느 때는 목메어 부르다가 쉬어버린 애절한 사랑이야기에 도취되고, 꿈에서라도 만날 수 있을까? 죽어서라도 만나볼 수 있을까?

그리움 가득한 한 맺힌 사연, 섬세함과 정교함, 연초록 풀잎같이 나약하고 애잔한 지친 모습을 그대로 그려내는 글 솜씨!

어느 시인께서 「시인은 자신이 사는 그 시대를 구가하고 독특한 창의성으로 척박하고 정형화된 시론의 틀을 벗어나야 시의 미래가 밝다」고 하셨습니다.

아마도 국어사전과 옥편이 해어지도록 공부해야 하는 시련과 나

홀로 감내해야 하는 수련은 그 누구도 도와줄 수 없으리라 생각되며 밤을 낮으로 알고 지새움도 있을 법 합니다.

앞으로도 더욱 좋은 글 많이 쓰셔서 여러분들이 쓴 시편들이 혼란스럽고 각박한 이 세상에 희망과 용기를 줄 수 있는 등불이 되었으면 합니다.

시인 여러분! 존경합니다. 사랑합니다. 감사합니다.

2015. 11.

자문위원 **강 경 구**

권두언

함께하는 시 쓰는 사람들의 행복

가슴시린 영혼의 텃밭에
인연이란 꽃깔 꽃 빛으로
향기로운 꽃비가 내린다.

심연의 깊고 맑은 눈빛으로
마주앉은 우리는
하나의 향을 사르며
바람꽃 되어
한 원을 그린다.

2015. 11.

자문위원 **김 명 심**

목 차

Contents

고 선 자

- 비둘기
- 이삭줍기
- 착각
- 즉흥환상곡에 취하다
- 장미에게 묻다
- 깊은 강
- 속앓이
- 뱁새
- 손바닥도장
- 회귀(回歸)

- 사)한국문인협회 서정문학연구위원
- 사)한국창작문학인협회 총무이사
- 국제 펜클럽 한국본부 회원
- 사)한민족평화통일촉진문인협회 회원
- 사)한국문인협회 구로지부 회원
- 세계시문학회 재무국장
- 창작산맥 김우종문학상 자문위원
- 창작산맥 작가회원/ 창작21작가회 회원
- 월간 문예사조문인회 회원
- 한국문예학술저작권협회 회원
- 시 쓰는 사람들 '장릉산의 징소리' 동인
- 시 '상실 시대'로 세계시문학상
- 수상저서: 시집- 꽃이야기, 전자책- 꽃 이야기 외
- 문학지 공저 다수

비둘기

고 선 자

마음 편히 목놓아 울지 못했다
노래는 더 버거웠다

딱딱한 콘크리트 바닥 쪼며
먹이 구하느라 뭉개진 부리
무심한 인기척에 놀라 힘껏 날아야 할
날갯짓 겨워 돌볼 틈 없었다

이제 영화롭던 시대는 가고
홀대하는 세상
초라한 몰골이 되었구나

아---
모두 어디 갔나---
천둥벌거숭이
본향의 기억조차 가물가물

깃털 고르는 법 잊은 채
무시로 도심 공원 배회하며
하릴없이 버릇 난 하늘바라기

이삭줍기

봄 여름 가을 겨울
기다리지 않아도 다달이 피던
여인 꽃 빛 바래져 시든다

늘 상 피는 줄만 알았다
벼 이삭 고개 숙이면
무거워 떨어지는 걸 잊었다

이 무슨 변덕스런 행사인가
단골손님 기다리듯 쭈뼛쭈뼛
손가락 샘 날짜 꼽으며 가늠하는 여심

기다림의 열병인가
느닷없는 한기 무시로 돋는 신열
종잡을 수 없는 냉소적 우울 감

그래---
아주 가지는 않았나 보다
뜬금없이 찾아와 조용히 건네는 말

-소중한 이삭이 남겨져 있잖니
붉은 꽃 지고 나면 서리꽃 피고
주름 꽃 사이 검버섯도 필터이니

그땐 부끄러워하거나 숨기지 말아라-

져버린 꽃 향기 아쉬워 말고
골 골이 패인 삶의 이랑에 흩어진
낟알 주우며 욕심 버리자

수 십 년 피던 꽃과 석별 나누며
텅 빈 들녘 허수아비처럼
나 이제 소박한 풍경이 되리

착각

햇살이 눈부셔 눈을 감았다
부끄러움 감추려 얼굴 감싸 쥐었다
민망함에 쪼그려 앉아도 봤다

이제는 됐겠지
감쪽같이 숨겨 보이지 않으리
안도의 숨 내쉬며 살며시 고갤 든다

아뿔싸

햇살은 여전히 세상 비추고
많은 눈 번뜩여 엑스레이 찍듯
빤히 훑어내 구석구석 지켜본다

나만 몰랐다
손바닥으로 하늘 가리려는
무모한 어리석음

불구 하고…
쪼그라든 나를 일으켜 세워
부추기며 그림자를 앞세운다

즉흥환상곡에 취하다

먹장구름 가슴 풀어헤쳐
쏴와~~ 쏴아아~~~
세찬 눈물방울 떨구며
아스팔트 위에 오선지 그려
경쾌한 음표들 섞어 작곡을 한다

절정으로 치닫는 탱고의 음률
아! 눈앞이 캄캄해도
귀 열고 들으면 가능한 것이었구나

하늘이 연주하는 리듬에 흠뻑 취한 나
우산을 접고 소낙비 맞으며
토슈즈를 벗어 던진 발레리나처럼
맨발의 무희가 된 행복한 오후

장미에게 묻다

꽃잎 떨구고 잎사귀 말라
앙상한 가지에도
가시를 버리지 못하는 너

다시 꽃피고 향기 흐드러져
왕관 쓰지 않고도
계절의 여왕으로 칭송 받는 너

떨쳐내지 못한 불신
여전한 가시를 키워
아름다운 자태에 독까지 품었구나

널 지키려는 지나친 방어가
날카롭게 곤두서 널 찌르고
태초에 받은 치명적 원죄로
사랑하는 이에게 조차 상처를 주는 거야

깊은 곳에 감춘 이기와 질투심
결국 너의 본능인 거 맞지?

깊은 강

길을 만들며 강이 흐른다
흘러 흘러 흐르는 곳 강의 길이다

강마다 물길 다르듯
굽이 굽이 돌아드는 물굽이 마다
굴곡진 모정의 강이 따라 흐른다

지독하게 사무친 단장(斷腸)의 아린 통증
어찌 다 말로 하랴
쏟아지는 눈물 가득 고여 봇물 져도
소리 내 울 수 조차 없는 억울한 가슴 가슴

차오르는 가엾은 울부짖음
앙금으로 켜켜이 쌓여도
그 또한 허망하고 무정한 강의 길이더라

물길 깊으면 소리 없이 흐르듯
고여 썩을 수 없는 어미의 큰 강
생명 잉태하던 인고의 시간 떠올려
도도한 강물 되어 침묵의 길을 낸다

속앓이

바구니에 담는다
누가 봐도 욕심 낼
깔 곱고 실한 사과 한 알

또렷이 기억되는
새콤 달콤 향기로운 그 맛
빛 고운 껍질 벗기며
입안 가득 침샘이 터진다

반으로 갈라진 속살
시커멓게 썩어있다
뉜들 알랴
겉으로 드러내지 못한 가슴속 멍울

-너도 마음고생 심한 속병을 앓았구나-

뱁새

알에서 깨어났을 때
황새 둥지가 아니었다

다른 둥지에 몰래 끼어
먹이 받아먹고 자란
양심 없는 뻐꾸기는 아니다

미운 오리새끼 백조되는
꿈 같은 요행도 바라지 않았다

큰 새 무리에 치이며
절치부심(切齒腐心) 다하지만
매번 들어야 하는 말

–뱁새가 황새 따라 가다 가랑이 찢어진다–

허황된 미혹(迷惑)에 빠지지 않고
소박한 꿈 꾸는 작고 여린 새
실날 같은 희망 꺾지만 말아라

손바닥도장

작은 단지에 모아진 쌀 위로
어머니의 손자국 경건하게 찍힌다

정수리 속살 허옇게 드러난 아낙
임질로 받은 됫박 쌀
보릿고개면 한 섬 장례쌀 놓고
아버지 상에만 오르던 쌀밥

입안에서 겉도는 꽁보리알
그 조차 감사했던 건
배부를 수 있다는 행복
절대권력 가장 향한
아내와 자식 무언의 순종이어라

손도장 찍힌 단지 늘수록
자라목 되는 여인 고된 삶은 지쳐도
두둥실 커가던 어린 꿈

입 줄여 모은 쌀 위
선명하던 어머니의 손자국은
희생으로 피워낸 거룩한 꽃
객지 학교 입학통지서 허락 받은
인감도장 이었다

회귀(回歸)

발길 끊어진 긴 침묵의 시간
날마다 해는 지고 떠올랐다

서로 응시하는 날 선 정적 속
때를 알고 변화하는 사계절
무심히 오가는 짐승들
철저한 고립에서 외려 자유로웠을 터

사람이 살지 않는 사람의 땅
허리춤에 채워진
낯선 이름의 족쇄 DMZ는
의미 상실해 명멸하는
한낱 낡은 이념의 영역일 뿐
하나로 모여 굽이치는 물줄기
달 띄우고 별 품으며
보이지 않는 경계선 허무는데
어찌 사람으로 살며
가슴에 피 멍들어 얹혀진
생이별의 멍에 웬 말이더냐

이제
단절된 채 할퀴고 찢겨
곪아 썩은 환부 도려내고

한 땀 한 땀 봉합시켜
온전한 모습으로 돌아갈
바로 그때

본디 우리는 하나였다

김 동 진

- 물의 방울
- 음표를 해부하다가
- 모나리자를 엿보다
- 화음없는 풍경
- 거미줄
- 오다 서버린 입춘(立春)
- 사랑법
- 소낙비와 등
- 박제(剝製)된 풍경이 있는 곳
- 달이 달린다

- 시집『늦 해바라기의 사랑』『숨소리』『다시 갈 변곡점에서』(전자책)
- 「숲」 동인, 「시 쓰는 사람들」 동인 활동을 하면서 다수의 동인 시집을 내다
- 한국문인협회 김포지부 회장 역임, 한국문협 경기도지회 부회장 역임
- 문인협회 남북문학교류위원, 한국문인협회 김포지부 고문
- 한국문인협회 경기도지회 자문위원
- 이메일 : dongjinee@daum.net
- 손전화 : 010-3205-7756

물의 방울

김 동 진

밤새 소리를 내며 내리던 비가 아침 되자 그치더니
나뭇가지에 거꾸로 앉아
소리가 사라진 방울이 된다

그래서
물의 방울은
성대를 잃은 비의 아픈 상처이기도 하다

어쩌면 방울로 매달린 물은
공중을 나는 새의 두근거리는 심장이며
갓 태어난 생명들의
새 세상을 맞은 환희의 표정인 것이다

조금 다가가서 방울을 들어다보면
건들면 탱글탱글 소리로 튀어 내릴
오선지에 매달린 4분음표이고
여러 색깔을 짊어지고 무겁게 기어가는
무당벌레의 잘 익은 등이기도 하다

지금

물의 방울은

내려다뵈는 땅이 무섭다

글썽거리는 방울의 눈동자를 보면 안다

음표를 해부하다가

오선지에 음표가 방울새처럼 앉아 있다
음표는 소리 계단을 쉼 없이 오르내리고
발자국을 옮길 때마다 선율이 꿈처럼 감미롭다

나는 그 소리의 근원을 찾기 위하여
선율 한 가닥을 실험 데스크에 올려놓고
내부를 해부하여 소리 기관을 찾고자 하지만
형체를 감추고 있어 만질 수가 없다

색이나 냄새라도 있으면 감각으로 느끼지만
흰 가운만큼이나 막연하다
간혹 바람이 나뭇잎 흔들림으로 자신의 존재를 알리듯
음은 수천수만의 흔들림으로 다가 오는 것이다

「도 레 미 파 솔 라 시 도」라고 표현하는 음계는
누군가가 음표를 해부하다가 그냥 덮어버린
지금까지는 그래도 가장 근접한 음의 해부 결과다

음표는 일곱 개의 이름이 아닌

하나이면서 여럿이고 여럿이면서 하나인
있으면서도 없는 것 없으면서도 있는 것 같이
내 곁에 있는 것
베토벤 운명이 숨어 있고
차이코프스키 백조가 노니는 다뉴브강 같은 것

나는 음을 지배하는 음표 앞에 나의 무모함을 사죄하고
손에 쥐고 있는 수술용 메스를 집어 던진다

모나리자를 엿보다

수년 전부터 서재 벽에 모나리자 상 액자를 걸었다
순결하고 정숙한 자태가 좋아서
편안한 손 모음과 우아한 미소가 좋아서
마리아 상처럼 경건한 마음으로 벽 중앙에 걸었다

가끔은 *루브르 박물관 향수에 젖어 몰래 눈물 훔칠 것 같아
와인 한 잔 할까요?라고 권할 만도 했지만
천부당만부당한 일이었다

레오나르도다빈치를 욕보이게 하는 일이었다
그런데 요즘 나는 관음증 환자처럼
문틈으로 서재를 엿보게 되었다
모나리자가 벽에서 내려와 몰래 춤을 출 것 같아서다

수백 년 동안 묶여있던 몸을 마음 껏 흔들어 볼 것 같아서다
세월이 많이 변한 지금
무거운 검정 옷을 벗어버리고
세계의 눈이 집중되는 허리우드 의상으로 갈아 입을 것 같아서다

풍만한 젖가슴을 슬쩍 비춰 보이는
스타가 되고 싶을 것 같아서다
노출이 미(美)인 포로노 배우를 흉내 내 볼 것 같아서다
그래서 나는 얼굴 붉히며
문틈으로 서재를 엿보는 것이다

*루브르 박물관 : 모나리자 초상이 소장되어 있는 프랑스 파리에 있는 세계적인 미술관

화음 없는 풍경

바람이
눈송이를 갈기갈기 찢는다
찢길수록 은빛이다

얼음구멍에 목 구부리고 있던 고니가
돌연 물고기 한 마리 낚아채 꿀꺽 삼킨다
율동의 긴 목이 우아하다

겨울난 가지에 맺힌 꽃눈은
피부가 터진 멍울인데
그 내음이 참 생기롭다

아침부터
작은 새들의 불협화음 지껄임에
왜 몸이 깃털처럼 가벼워질까

모락모락 피어오르는 찻잔의 김은
물이 죽어 유체이탈 하는 것인데도
왠지 추억처럼 아련하고 곱다

아! 이 겨울

화음 없는 풍경도

때로는 화음 있는 풍경이 되는 것을

거미줄

내 얼굴에는
세월을 먹고 사는 거미 한마리가 산다
숨는 재주가 있어
눈에 보이지는 않지만
몰래 치고 도망간 거미줄을 보면 안다

사는 일에 잠시 내가 지쳐있을 때면
슬그머니 기어 나와
내 얼굴에 제 맘대로 씨줄 날줄 긋는
당돌한 거미 한 마리

요즈음은
그 녀석 동반자가 생겼나보다
엮는 줄이 커지고 가지 수가 많아지는 것을 보면
필시 협조자가 있다는 징표다

처마 밑 거미줄은
일정한 규칙의 설계가 있어 보이는데
내 얼굴의 거미줄은

굵고 길고 가늘고 짧은 것이
손주 녀석이 방바닥에 그어 댄 상형문자 같아서
그냥 웃고 만다.

오다 서버린 입춘(立春)

지난 해 입춘 (立春) 때
젖 떼자 마자
목줄을 탯줄처럼 달고
업둥이 되어 온 강아지 한 마리

햄공장 귀퉁이
사과상자로 지은 강아지 집에서
햄 찌꺼기 얻어 먹고 자랐다.

낮에는 그리움 삭이는 법 배우고
밤에는 무서움 이기는 법 터득하면서

이제 몸집이 조금 커지는가 싶던
금년 입춘에
철망 갖춘 타이탄 1대 오더니
덜렁 그 개 싣고 사라진다.
입춘(立春)이 오다가 서버린다.

사랑법

사랑과 사랑 사이는 그리움만큼 공간을 두고
서로 마주볼 수 있어야 해

퍼내도 퍼내도 고이는 샘물처럼
멈춤이 없어야 해

때로는
홀씨 하나 낙하점 찾아 사뿐히 내려앉듯이
조심조심 조심스러워야 하고

느낌표처럼 비스듬해 보여도
한 번도 넘어진 적 없듯이
오래 오래 견디어야 해

새싹 하나 움트는 흙의 더운 정성으로
열매 하나 키우는 햇살의 섬세한 손길로

서로의 몸 빈자리 찾아
자꾸만 자꾸만 채워줘야 해

소낙비와 등

찌뿌듯하던 하늘에서
홀연 한여름 소낙비 장대처럼 퍼붓는다

찌는 무더위에 힘겨운 짐 짊어지고 다니다가
실컷 쏟아버린 저 구름의 등은
지금 얼마나 시원하고 후련할까

"아버지! 그 무겁디무거운 짊
평생 지게에 지고서
왜 소낙비처럼 확 쏟아버리지 않으셨어요?"

한나절
원 없이 쏟아 붓는 소낙비를 보다가
짊 쏟지 못해 해진 아버지 등이 아른거려
잠시 내 유년시절로 외출하고 돌아온
오후

박제(剝製)된 풍경이 있는 곳

췌장암으로 홀연 이승을 떠나버린
우리 문중 종손인 재종형(再從兄),
한식을 맞아 그의 산소에 들렀다.
마지막 한 장면의 시간이 멈춰 있는 곳
저승의 영혼이 살아있듯이 턱 버티고 서 있는 곳
재종형의 비석에는 몇 세손이라는 끝을 알리는 음각이
선명하였다.
소뿔처럼 땅에 박혀 바람이 불어도 움직이지 않을 듯
단단하였다.

지난해 눈물로 짓이겨 쌓은 봉분 곁에는
굳어버린 말 벌집이
종손을 앗아간 암세포 껍질처럼 널려 있었다.
종손이 물려받은 땅들은 주인을 따라 갈 수 없어
맴도는 곳

선산에는 지손은 묻힐 수 없다며 막내 숙부 누울 땅
몇 평 마저 거절하던 고집이 주인을 따라 갈 수 없어
상석에 걸려 있는 곳
그 상석이 좌우로 장송처럼 턱 버티고 서 있었다

사람만 갈 수 있는 곳

물질도 욕심도 고집도 갈 수 없고
가고 보이지 않는데도 살아있는 듯
껍데기로 박제되어 있는 곳

달이 달린다

어느 보름밤
목포에서 서울행 열차를 탔다.
차창 밖 동그란 달이 대웅전 금부처 같다.
항상 하늘 중심을 차지하던 점잖은 달이
하, 달리기 시작한다.

성질 급한 다람쥐가 되어
숲 속을 뛰는 고라니가 되어 달린다.
달리는 가락이
피아노 건반을 튀는 음표처럼 경쾌하다.

오늘따라 달은
질주하는 자전거 바퀴 같기도 하고
물살 가르는 돌고래 머리 같기도 하다
그래, 달리는 달은
바다를 치고 솟는 갈매기다.
초원을 달리는 말이다.

장독 뒤에 숨었다 고개 내미는 유년의 숨바꼭질이다.

갈색 계절을 안주 삼아
한 잔 하고 싶은 밤.
목포역에서 본 달이
서울역까지 달려와 떠 있다.

김 부 회

- 스마트 파종
- 서해에서
- 낚, 시
- 숫돌
- 암연(癌緣)의 계보(系譜)
- 깜냥 랩소디
- 먼발치
- 탁란(托卵)의 문장
- 모니터 속엔 바다가 없었다
- 울먹꽃

- 서울출생, 2012 창조문학 신문 신춘문예
- 2012~ 현재 김포신문 시 감상 코너 연재
- 2015 모던포엠 평론부문 신인상
- 2015 문예바다 가을호 신인상
- 2015 중봉 문학상 대상 수상, 시마을 동인
  시산맥 특별회원, 시쓰는 사람들 동인
- 2014 시집 [시 답지 않은 소리] 외 [물의 연가]
- [느티나무의 엽서를 받다] 공저 다수

스마트 파종

김 부 희

그야말로,
예술적 모심기가 한창이다
컬러풀 네일아트는 이앙기로 드르륵
날다람쥐들 잽싸게 이랑 곳곳 심자마자 투두둑
돌아와 꽂히는 말씨, 들
이모작은 옛말 초당 열 모작이 훨 넘는다

홍학 한 마리
모숲이나 헤치며 우렁이 잡는지 물었다
놓치다 물었다 놓치다
한 모, 두 모
오른 손 검지 꾹꾹 눌러가며
모 심고 있다

'아따 행님, 그러다 날 새것슈!'

그러거나 말거나 머리 위 그
안경은 대체 모 한댜
쉰내 폴폴

젖은 부리로 논바닥 콕콕, 논네
'할아버지 시방 거진다 왔다 싸게 가꾸마'
왼손바닥 파노라마 모판
따듯한 파종이다, 온천지 옴팡 풍년 들것다

서해에서

펄의 알몸 뒤로 스란 한 폭 붉다
풍경이 풍경을 덧칠하는 동안 우리 무미한 안부는
커피처럼 식고 낮의 건조를 밀어내다
지쳐 어둠이 무뎌 질 때쯤 웃자란 약속이
약속의 정형과 이별했다
그물 지지대 밖 밀물이 바닥을 되돌려 주고
디딘 만삭의 섬들이 제 높이를 키운다
켜켜이 올려놓은 모닥불 속 있어도 없는 사람이
사그락 불꽃이 된다
서로 모르는 사람들이 저마다의 불쏘시개를 던진다
이따금 다려지는 어둠의 주름 갯벌에 스며들다
미처 못 지운 취기의 분장 데워진 몸을 갯바람이 식힌다
동그란 얼굴 입 밖으로 나온 이명의 솔깃한 부름에
소스라친 귀가 쑤욱 자란다

멀리 갈매기들만

귀항지에
뱃소리가 울린 것 같다
어쩌면 도착해 있을지도 모를 신호 뚜~뚜

청각의 바깥에
이미, 나는 없는데

낚, 시

한 때 달을 필사한 적이 있다
그는 서역의 마니차 소릴 묻혀오거나 드물게 쥐고 있던 야간비행의 불빛을 슬며시 건네주기도 했다

은 여우와 장미를 필사한 날이면 차가운 방바닥에 등을 붙인 채
발가락을 까닥거리는 나와 나의 미래가 서로 이슥한 밤의 속살을
제 몸처럼 핥았다
꿈의 바다 위로 '아나벨 리' 와 밍크고래가 간밤 이야기를 뿜곤 했다

제 주인을 찾지 못한 온갖
'주여!' 들이 소매 끝에 묻어온 날
'주여' 의 껍질을 혀끝에 필사한 그 밤에도,
어둠을 배경으로 환생하는 달과 한 집 건너
십자가 불빛 수십 개의 구원이 두 개의 바위틈을 뚫고
다락방으로 기어들어 왔다
폐허가 된 정원이 더는 소녀를 키우지 못하고
달력이 뱀처럼 손가락을 넘어갔다

밤이 불면의 다발을 계수기처럼 토했다

그때 나는 침묵의 띠지로 묶인 내 결계의 수면 바깥을
도모하고 있었다

잠잠한 물 더 잠잠한 물속 움찔 캐미라이트
획
달을 챈다고 잡아챘지만 매일
낚인 것은 '나' 였다

숫돌

제 몸 닳는 줄도 모르고
갈고 또 갈고

무뎌질 때마다
쓱쓱
날 시퍼렇게 세워주다
움푹 팬 몸

다 쓴 빨랫비누처럼 얇아진 허리에 여전히,
무딘 등짝
말없이 갈아주다

"물 한잔이면 됐다"

수돗가 한쪽 구석에 오도카니
부서질 듯
아버지

암연(癌緣)의 계보(系譜)

아버지는 대장암, 여동생은 유방암!
'꽃이 자줏빛이면 파 보나마나 자줏빛 감자' 라는
緣의 거울을 본다
어디 인연 없는 후생이 있기나 한 것인가

동생의 병실, 한쪽
가슴을 도려내야 한다고
뽕 브라를 하면 아무도 모른다고, 한쪽은
아직 싱싱하다고 너스레를 떤다 동생은
일부러 우릴 위로하며 수술대에 오른다 잠든 얼굴에
박꽃처럼 하얀 미소가 피었다

길고 긴 초조가 흐르고, 몇 날이 흐른 병실
달빛 흔들거리는 병상에서
오빠! 癌도 福인가 봐
데면데면 살다, 어쩌다 전화 한 번 하면서
다들 그렇게 사는 게 아닌가, 오빠?
오빠! 참 많이 늙었네

(……)
암 수술 후에야 비로소 족제비에게 놀란 닭처럼 매일
전화를 드리게 되던 아버지와
이제 더하여 자주 통화해야만 할 연년생 여동생

그런가?
그 또한 질기디 질긴 인연의 또 다른 고리
생각하기 나름이라는 병마가 도리어
우리를,
더욱 가깝게 하는 가 보다, 곰살맞았던
옛 고향집으로 달려가게 하나보다

깜냥 랩소디

때는, 백제 근초고왕 즉위 초기 시절

지방호족의 사당을 과감하게 혁파하는 등 강력한 군사력과 경제력을 바탕으로 점차 주변국 너머 국세를 확장해 나가던 중, 치세의 근간 막강한 군주제를 유지하는 비용이 만만치 않아 각종 조세를 힘껏 거둬들이고자 고심하던 차, 기존 연초세를 대폭 증액, 방방곡곡 사발통문을 돌렸다

연초라는 것이 본디,

호랑이에게 담배 팔던 시절부터 백성의 유일한 벗이며, 군역 나간 병사의 고된 하루를 달래주는 참 좋은 친구인지라 약간의 세수만 부과하여 저렴한 비용으로 민초들 시름을 달래주려는 왕조의 기본 정강 정책, 하지만 어쩌랴! 부국강병의 기치 아래 십시구반 하자는 근초고왕의 그 오뉴월 집념을!

백성들이야,

요동 땅을 정벌하든, 왜倭를 잡아먹든 해거름에 하루 잘 마치고 배부르고 등 따시면 그만 인 것을, 왕조의 기반은 백성이요 백성의 아버지는 왕님이라는 '같이의 가치'가 무색해지기 일보 직전

이레에 이레가 더 지나도록

저잣거리엔 ㄴ ㄱ ㅁ 라는 형태의 부연 연기만 꽉 들어차고 시氏와 팔 氏 등이 '우리도 살자'는 기치 아래 밥사발을 엎을까 시도 하였으나, 야리무리한 중독성에 채 보름을 넘기지 못하고 꼴까닥

세월은 무심하게 흘러

백제도 사라지고 '서동요'의 저잣거리엔 급기야 우리도 한번 잘 살아보세 잡설과 타령이 들불처럼 번지다 피시식, 동백이 아름답다 하나 후드득 져버릴

목하, 그 깜냥이란 것이 말짱

이참에 빳빳하게 고개 쳐든 것은 모 다 그냥 확 부러뜨릴까 하노라, 꼼수든 뭐든

*랩소디 : 즉흥성을 중시한 악곡의 한 형식, 서사적, 영웅적, 민족적인 색채를 지니는 환상곡 풍의 기악곡

먼발치

바람이 등을 미는 날이면 경춘선 기차를 탔다
고독이 강촌을 지나갈 때쯤
하얀 평행선을 지우며 구르는 바퀴
눈발이 날렸다

후우~ 입김을 불 때마다
추상화 같은 이름이 흘러내리는 유리창
목적 없는 막다른 목적지, 대합실에
바쁜 얼굴들이 서성거리고
낮달 웅크린 처마 밑으로 툭,
긴 고드름이 떨어졌다

겨울이 끓는 주전자에 차가운 손을 내밀어보다
조악한 필체의 낯선 이름들이 빼곡한
나무의자에 털썩
낯선 이름 사이에 나를 추가하고
무료를 말은 우동을 먹다

퀴퀴한 화장실 낙서를 기웃거리다

역사를 나와 역사로 돌아가는 춘천 발
누구를 만나지 않아도
눈길을 마주치지 않아도 좋을
겨울의 입구를 개찰 한다

호수의 허리춤을 떠난 낡은 기타 보사노바 리듬이
바람이 되는 곳, 바람이 된 내가
허공에 맥없이 썼다 지운 이름과 이름이
철길처럼 나란히 달리는 아득히
먼 이름, 춘천역

탁란(托卵)의 문장

–그 치명적 오류에 대한 독백

가갸거겨 하던 날부터
꽁무니 뒤로 하얗게 밀려 나오는 허물
편백나무 속, 검은 심 끝에서 수음의 냄새가 난다

남의 둥지에서
남의 알을 옆으로 밀어내다 묻은 얼룩
부적절한 관념의 행간들을 불살라버리고 갠지스 강을 건넌다
그 강어귀, 마을엔
죽음만 기다렸던 껍질들이 모여 산다

바닥을 기던 무릎과 모서리 닳은 관절의 껍질들, 지금도
거죽만 팔랑거리는 오체투지의 기도 소리는 둥둥
되돌아오지 않는, 찢긴 북소릴 흉내 내며
옷걸이에 걸려 있다

변명을 깎아낼수록
몽당연필의 꼭대기에 부풀어 오른 몽당(蒙堂)*
노스님 없는 그 자리, 먼지 폴폴 날리며

연필심의 게으른 증거들만 수북이 쌓여있는 탁란(托卵)의 계절
남의 둥지에 제 새끼를 낳고 기다리는 뻐꾸기
그 울음처럼 지친 나름의 고해성사들이 흩어져가는 9호선 종점
사람의 눈보다 짐승의 눈이 더 그리운

무가시無價紙 속, 어세라는 껍질은 서늘하게 식어 있다
누군가 의도한 문명의 낯선 경계에서
쌍시옷을 입에 달고
사라진 유리 구두 한 짝을 찾는 문장의 치명적 오류는
by myself
뼈다귀를 감싼 알몸의 소리는
연필과 연필심 그 지루한 사실혼 관계를 부정하고 싶은
덜, 혹은 더 깎아내야 할
검은 내 색깔 이었다 어디든, 무엇이든
내 삶의, 짙은 길이 되어야 하므로

*몽당 : 1. 선사에서, 감사 따위로 오래 근무하였거나 퇴직한 승려가 편히 쉬는 집
2. '먼지' 의 방언

모니터 속엔 바다가 없었다

바다를 모니터에 욱여넣는 사내가 있다
바람이 파도의 치맛단을 들추는 저녁이면
사내의 뜨거운 귓바퀴 속에서 아프로디테의
은밀했던 이야기가 소용돌이친다

수평선 위로 태양이 붉게 달군 노을빛을
수줍게 더듬던 사내의 두 눈
밀물에 떠밀려온 부구(浮球)처럼 정처 없다 간혹
멀리서 거슬러온 운석의 물결은
해변에 모래알을 쌓아놓을 것이다

붉은 물빛을, 구멍 난 가슴으로 공그르며
옛 기억을, 제 뼈에 깊숙이 새겨 넣는 사내
초승 달빛의 살점들과 별빛의
가는 뼈가 바닷속으로 수장될 때쯤이면
뮤대륙* 어디쯤
함께 수몰되었던 부장품들이 그의 곁에 있을지 모른다

빛바랜 페인트를 벗겨 낼수록 각인되는 기억들

바다를 옮겨 심은 모니터가 끝내 거품을 게워낸다
어디서 "안달루시아의 개" **가 짖는다 컹컹!
그 썩은 당나귀의 피아노 모서리에서
찬바람이 울고 있다

* 뮤대륙 : 기원전 70,000년경 남태평양에 존재한 가상의 대륙
**안다루시아의 개 : 살바도르 달리의 영화제목

울먹꽃

그리우면요
그립다고 말하세요
여전히 내게는 당신이라, 더 그리워질까 봐
말 못했다구요

참다 참다
'잘 지내지?' 아무렇지 않은 듯 안부 한 줄
필사한 가슴을
계절풍에 맡겨보세요

어쩜, 그 사람도
'잘 지내지?' 허공에 두 줄
답장을 띄웠을지 몰라요
비행운 긴 꼬리 같은

봄 대신
하얀 뭉치 꽃이
꽁꽁 얼어붙어있던 안부를 끄덕끄덕
묻고 있어요

말하면 눈물부터 날 것 같아
일부러 꾸욱
다물고 살았던,

울먹꽃이 다시 피었다구요

우정 김 인 숙

- 다시, 뿌리내리기
- 업둥이
- 관계
- 돼지감자
- 우문현답
- 소음과 소리사이
- 종이연
- 무정
- 초보

- 1988년 시조문학 천료 등단
- 한국문인협회, 국제 펜클럽회원
- 여성시조문학회 부회장.나래시조동인
- 교직생활 30년 역임
- 샘터수기 당선, 현대시조백일장 금상 수상
- 마로니에 여성백일장 수필 입상
- 제11회 나래시조문학상 수상
- 제7회 김포문학상 수상
- 시집〈멀어지는 연습을 위하여〉〈바람에게 띄우는 연가〉
- 시쓰는 사람들 공저 10권외 다수

다시, 뿌리내리기

김 인 숙

적막이 가득 내린 흰 눈 쌓인 울안에
오가는 사람 없어도 저 혼자 컹컹 짖는 개
짐승도 적막이 무서워 온 밤을 짖는가 보다

뿌리 옮긴 푸나무도 일 년은 터 앓이 할 터
꿈꾸던 전원인데 머리속이 수세미 같다
새벽닭 늘어진 울음에 깨어나는 촉수들

회색이 싫어 찾아든 둥지 뿌리내려 살아야지
봄에 심을 꽃나무도 머리속에 미리 심고
텃밭엔 푸성귀 가득 녹색 정원 꿈꾼다

업둥이

이삿짐 풀기도 전에
찾아든 얼룩강아지
내좇아도 가지않고
내곁을 뱅뱅돈다

삼생전(三生前) 인연이었나
환생한 조상님인가
먹이 주고 정 주어도
두려움에 떠는 눈 빛

누군가에게 학대받다
버림받은 떠돌이 개
반려견, 입으로 떠드는 인간
속죄하며 거둔다

관계

쟁론지옥을 옮겨 놓은 듯
갑론을박 들끓는 세상
실타래처럼 얼킨 관계를
돌아보는 섣달그믐 밤
을로만 살아왔으니 죄 없다 할 수 있나

어렵게 키운 삼남매
상처준 말 없었을까
교사생활 삼십여성상
사랑으로만 가르쳤나

모르고 저지른 갑질 모골이 송연하다
자식이 엄마되고
며느리가 시어머니로
제자는 스승이 되고
세입자가 집주인으로
갑과 을 동전의 양면 뗄 수 없는 샴 쌍둥이

돼지감자

배고파 허덕일 때도
홀대받던 천한 이 몸

귀한 음식 지천인데
어인일로 나를 찾나

난해한 인간의 습성
해독불가한 불립문자

우문현답

예수님을 사랑하려다
적성이 맞지 않아
부처님과 친해보려고
지장경을 읽는데
신심을 시험하는지
파리가 앵앵거린다

난감해진 초보신자
부처님께 여쭙니다
살생을 금하랬는데
잡을까요? 말까요?
인간도 파리목숨이니라
미소짓는 부처님

소음과 소리사이

시골마을 새벽은 닭 울음이 문을 연다
알람시계 아니라도 새소리가 잠 깨우고
게으른 송아지울음이 여름 한 낮을 달구는데
허전한 노인들이 손주삼아 키운 강아지

낮과 밤 구별 없이 밥값 하느라 멍멍댄다
질세라 개구리 합창 음정박자 정확하고
아침은 아침대로 저녁은 저녁대로
수런수런 두런두런 소리에 묻혔는데

왜일까?
철옹성아파트보다 깊은 잠을 자는 이유

종이연

재작년 마지막 밤 종이연처럼 구겨진 삶
허무의 그림자가 병풍처럼 둘러친 방엔
어젯밤 바튼 기침소리가 새벽까지 스멀거린다

느닷없이 보낸 탓일까 인연의 끈을 놓지 못해
아내 떠난 그날부터 시름시름 앓는 사내
봄볕이 이토록 환한 봄 날 빗장 굳게 닫아 걸고.....

네 것, 내 것 구별 없이 알토란같이 키운 가정
사십 년지기 형제애가 끈 떨어진 연이어라
몹쓸 것 시간의 물결이 다 휩쓸어갔구나

무정

고양이 발톱을 세운 듯
늦은 봄에 들이닥친 눈

나비 속 날개 같은 꽃잎
어떡하냐 미친 봄아

뒤틀린
세상이 미워
갈지자로 가는 봄

초보

끊임없이 뽑아도 꺾이지 않는 생명력에
누가 이기나 해 보자며 해뜨기 전에 뽑은 잡초
아뿔사 울타리콩싹을 모조리 뽑았구나

이웃에서 이주해 온 해바라기 어린 모종
빨리 키울 욕심에 거름을 듬뿍 주고
며칠 후 들여다보니 폭삭 주저 앉았네

심봉사 지팡이 놓듯 더듬더듬 초보농사
급히 가도 아니 되고 쉽게 가도 안 된다는
교과서 어디에도 없는 삶의 보폭을 배운다

김 정 자

- 아침 햇살
- 버팀목
- 내 인생의 봄
- 가는 봄
- 카지노의 나라
- 슈퍼카 1
- 슈퍼카 2
- 10월의 끝자락에서

- 월간 『문예사조』 신인상 수상(1995)으로 등단
- 조선일보 리포터(1997년)로 활동했다.
- 현재, 한국문인협회 회원, 국제펜클럽한국본부 회원, 한국기독시인협회 회원, 한국문인협회김포시지부 감사, 사랑방시낭송회 회원, 시 쓰는사람들동인 등으로 활동 중이며, 김포시 장기정진학원장으로 재임 중이다.
- 제 4회 김포문학상 공로상, 제5회 김포문학상 우수상, 제 22회 문예사조문학상 우수상, 제 20회 경기문학상 공로상을 수상하였다.
- 시집으로는 『또 하나의 길』, 『때때로 내가 타인처럼 느껴질 때가 있다』 가 있으며, 공저시집으로는 『광화문을 지키는 ₩ 시인들』, 『시쓰는 사람들』 외 다수가 있다.
- E-mail : kimjj3757@naver.com

아침 햇살

김 정 자

매일 아침
창 밖을 노크해 주는
반가운 손님
오늘도 나와 손잡고
잘 해 보자네
엉킨 마음
밝은 빛에 풀어내리고
구겨진 마음
넓게 널어 말리라 하네

그리고
나를 벗 삼아
커피 한 잔 하자며
말 걸어오네
눈이 부시네
마음이 부시네
저 햇살과
함께하는
이 아침이.

버팀목

짧지 않은 시간의 터널
뛰기도 하면서
그래도 모자라면
날기도 하면서

내 아이들
혹여라도 또래들에
뒤질세라
벅찬 숨 몰아쉬며
앞만보고 앞만보며
예까지 달려왔네

그런데 이제사
한 숨 쉬어 가려하니
나를 두고 각자의 길
가야 한다네

때가 되면 가야되고
보내야 된다는 건
익히 알고 있었지만

가끔씩은

외톨이 섬이 되는 듯 해

이 마음 한 켠에선

싸한 바람이

바람이 이네.

내 인생의 봄

봄 봄 봄
온 세상이 온통
봄의 소리로 요란스럽다
짧은 기간 화려하게
불타오르다 사라지는
봄꽃들의 축제

누군가가
우리네 인생을
한바탕 봄꿈 같다 했던가
무수히 많은
봄을 맞이하고 보냈건만

정작
내 인생의 봄날은
아직도 준비 중이다

보다 더
탐스럽게
꽃 피울 그 날을 위해.

가는 봄

꿈길 같기만 하던
벚꽃 축제 한마당이
어제 밤 봄비 횡포에
요술방망이 마술처럼
그만 말끔이 사라져 버렸다

미련 없이
처연하게 가버린
봄날의 향연

군데 군데
봄날의 흔적만을
뚝 뚝 뚝
눈물처럼 흘리며
이 봄도 이렇게 또
가고 있나 보다.

카지노의 나라

말로만 듣던
오락의 나라
카지노로 전 국민이
풍요를 누리는 나라

제주의 50분의 1밖에
안 되는 땅
인구 60만의 나라
오락만이 만연한 줄
알았던 나라에

김대건 신부가
신학을 공부했던
성 안토니오 성당이
김대건 신부의
초상화가 걸려있는
성 프란치스코 자비에르 성당이

한자리를 차지하고 있는

반전의 아이러니
땀 흘리지 않아도
전 국민이 잘 사는 나라
신비의 나라 마카오에서
하루를 머물다.

슈퍼카 1

내 나이가
몇 살이냐구요
이제 겨우 19살밖에
안된걸요

주인님
잘 만난 덕에
요모 저모 살뜰히 챙겨주어
주인님 발이 되어
잘 굴러가고 있지요

그런데
사람들은
나를 보기만 하면
이유 없이
경적을 울려대고
주차를 할라치면
경비 아저씨 푸대접에
이내 마음을 다칩니다

내 나이가

어때서들 그러시는지

정말로

알 수가 없네요.

슈퍼카 2

주인님은 같고
모델만 바뀌었을 뿐인데
나를 데리고 나가면
아무 소리 없이
대우해 줍니다
이유 없이
경적을 울려대던 차도
얌전해지고
경비아저씨 푸대접도
사라지지요

덩치작은 차들
아무 겁도 주지 않았는데
괜스레 피해 가더라구요

강자한테
강할 줄 알고
약자한테
약할 줄 아는
그런 세상은
언제쯤 올런지요.

10월의 끝자락에서

10월의 쓸쓸함이
온 몸을 스친다
눈물 같은 가을이

뚝 뚝 뚝
마음으로
세상으로
떨어진다
그리고
흩어진다
다시는
올 것 같지 않은 계절

이 가을이 가고 나면
또한 계절이 자연스레
찾아오겠지
언제나 그랬던 것처럼

박 미 림

- 우저서원
- -조헌선생을 만나다
- 홍도평에서
- 견제
- 장미다방
- 낙동강에 핀 파란 꽃에서 바치다
- 빙애여울에서
- 경계, 뜨거운 맛
- 꽃집에서
- 문수산 산림욕장
  공존의 기원

- 김포문인협회 부회장. 한국문인협회 회원
- 김포문학상. 김포예술인상. 경기도문학공로상
- 낙동강세계평화문학상(경상북도),
- 항공문학상(국토교통부와 한국항공진흥협회)수상 외 다수
- 시집으로는 「벽을 바라보다」「한사람을 사랑하는 일」「마네킹」외 다수의 공저
- 경기문화재단 문화예술진흥기금 수혜

우저서원

– 조헌선생을 만나다

박 미 림

민들레 허공에 방명록을 쓸 때쯤
손 등에 쭈글쭈글 곤두 선 채 사라지지 않는 시간
관성 잃은 지난 겨울의 느린 생으로 인해
미간에 주름이 잡혔다고
천년쯤 불었을 바람의 투덜거림을 붙잡아 주었다

야문 달빛 너머 풀잎 일어서는 소리
그가 공전하는 달 등 뒤에
스스로를 놓아버린 것 같은 바람,
범람하다 소멸하는 형체 없는 흔적의 곁을
웅성거림이 홀로 지키고 있다

새벽은 아무 일 없었다, 그 두 개의 하늘이
가지런히 내려앉은 날
조헌선생 추모비 어깨솔기 틈으로
꽃나무는
봉오리 가득 헛기침 하며
우저서원 외삼문 지붕에 잎 하나 새겨놓았다

내력 희미해진 천년의 등불이
아무도 밟지 못하게
어디선가 꽃에 등을 달았다, 그날

조헌선생 호령
제 몸에 깊이 받아들인 꽃, 문턱에
어슷한 내 그림자 하나
그 깊은 저음의 소릴 부둥켜
선각의 선생을 조용히 불러냈다

홍도평에서

보리밭 사이로
바람이 빨려 들어간다
엉큼한 햇살도 쫓아 들어간다

속내를 들켜버린 정분 난 것들이
흔들어대는 엉덩이가
유독 눈부시게 반짝거린다

너른 들판 한 귀퉁이에
초록과 연두가 품은 연정
은근슬쩍 껴 안아본다

불륜을 저지르고도 뻔뻔한
저 낯 짝 좀 봐!
부끄러운 줄 모르고 빳빳하게 얼굴 쳐 들고
부둥켜안으니 얼마나 뜨거울겨

곧 들판이 누렇게 출렁이겠다
밀물과 썰물이 알싸하다

견제

쓰레기통 옆에서 무언가 발라먹는
고양이를 발견했다
한 걸음 뒤로 물러서는
나와 마주친 고양이 눈에서는 광채가 났다

들고 있던 음식물 쓰레기를
나도 모르게 뒤로 가져가며
아주 짧은 심호흡을 했다
어라- 내가 왜 고양이 눈치를 보아야 하지?
허튼 생각 발라먹다 패자가 되는 내가 거기 있었다

살금 거리며 몇 발자국 뒤로 물러서는
나와 고양이 눈싸움은 나의 완패로 끝났다
그런 내 모습에는 아랑곳하지 않고
발라먹는 일 그치지 않는 고양이는
또 다른 이의 출현으로 내 시야에서 사라졌다
눈이 마주쳤을 때 한 걸음 뒤로 물러서는 것이 아니었다

그 판단을 하는 순간

이미 내 생각을 발라먹고 있었던 것이다
고양이를 사라지게 한 이처럼
생각을 발라 먹을 기회를
주지 않고 철저히 무시 했어야 했다

한 걸음 뒤로 물러섰다고
우습게 아는 것들이 판치는 세상이다

장미다방

꼬질 거리는 실내장식
묵은 때가 덕지덕지 묻은 컵

의자와 의자 사이를 가르는 보일 듯 말 듯 한 칸막이
쌍꺼풀 축 늘어진 마담이 피워대는 담배 연기 자욱한 곳

창을 닫아버린 거무칙칙한 쌍 팔 년도 커튼
이끼 낀 수족관에서 최후의 발악을 하는 물고기

사느냐 죽느냐를 가름하고 있는 초라한 행색의 남자
그 남자가 앉은 탁자에 살아 숨 쉬는 장미 한 송이

아 –그래서 장미다방

낙동강에 핀 파란 꽃에게 바치다

천년만년 황지연못
우렁우렁 깊어, 강기슭의 저편과 이편 옹이로 들어 앉았다

강이 검붉게 흐르는 날이 있다
분단의 아픔을 갉아 먹은 흔적들 뒤척일 때다
내 엄마 무릎에서 본 적 있는 그 푸른 멍울
서걱서걱 썩은 뼈를 자르는 소리와
뼈 냄새를 맡았다는 내 엄마
무릎뼈 배불리 갉아 먹고 난 딸년은 보았다

퍼렇게 흐르고 있는 붉은 피의 아픔을,
저 강에서도 본다
물은 멈추지 않고 흐른다
물의 무늬들이 깊고 그윽한 말을 하고 있다

상처를 날마다 씻어내기 위해
진실과 거짓의 뒤편이 뒤엉켜 江의 혈관을 타고 흐르고 있다
울었던 사람을 본다

그 해 낙동강을 건너지 못한 사람들
엄마의 붉은 피를 마시지 못한 딸
썩은 냄새가 자라는 녹조라테 한 컵 받아든 사람들
침묵이 깊다, 깊어서 탁하다

진실과 거짓을 지피며
나는 내 발원지 엄마의 자궁, 동굴에 웅크리고 있다
내 엄마 붉은 피가 낙동강을 환하게 밝히고 있다

너무도 맑고 깨끗한, 그래서
처연한
새날이다

빙애여울에서

눈꽃 피었다 지는 곳
강 안쪽 청잣빛 여울 무늬 피었다

두루미의 여물통은 일용할 양식 그득 이다

외발로 곤한 잠 청한 무리 사이로
바람은 양면에서 온도 감지 중이다

산 등목 가까이 살림난 순한 짐승
전망대를 향해 바깥으로 걷는다

김포평야 재두루미 보물찾기 나선 그가
임진강에서 짧은 호흡으로 속삭인다

고- 고라니다
가까이 모여든 사람들 발아래로
발자국 뒤섞인다

하나의 징표 위로 또 하나의 표정이

포개지고 잇대어진다
얼은 강 위로 바람이 토막토막 가로질러 간다
산그늘 언저리 눈꽃 쪼르르 달려나간다

* 빙애여울 : 중부전선 민통선 내 임진강 상류(연천군 중면 횡산리)의 두루미 보금자리

경계, 뜨거운 맛

집을 향해 걸어오는 길은
몇 번의 커브를 돌고
편의점 두 곳을 지나치고
어묵과 떡볶이를 팔고 있는 분식점을 지나고
휴일 사거리 한 모퉁이에 은행 CD기에서는
가난한 이들이 바닥난 통장을 들고
넉넉한 이들이 배부른 카드를 들고
똑같은 문을 드나들고 있다
오고 가는 그 인파 속에 나도 섞이고
한 블록 지나니 정육점 돼지 몸통 갈고리에 걸려있고
육질 좋은 소고기는 한쪽에서 보란 듯이 흔들흔들
아파트를 들어서는 입구에서는
외부차량 통제를 하는 경비아저씨
빨간 봉을 올렸다 내렸다
먼 여행을 마치고 돌아온 듯
현관문 비밀번호를 입력하는

발걸음 뒤로 절로 튀어나오는 말
에라 빌어먹을 세상!
뭐 이렇게 사는 게 복잡해

꽃집에서

두둑 떨어지는 꽃잎 소리를 들었다.

나는 그것이 그토록 무겁게
떨어지는지를 처음 알았다.

몇 장의 꽃잎을 주워 들고
조화처럼 가벼운
내 삶을 생각 한다

꽃잎보다 더 무거운 소리를 내며
떨어져 나간
내 안의 숱한 꽃잎들

삶의 기로마다 주저 없이
떨어져 나간 꽃잎들

나를 위해 죽어도 좋다는 너를 느낀다.
내 발 아래에서,
나에게 말하는 너를 보았다.

문수산 산림욕장

몇 만 년의 기억 뿌리 내리는 곳
수목향 배인 바람 쪼르르 달려가 손때 묻은 책장 넘긴다
세상에 존재하는 단 한 권의 시집, 숲
첫발을 내디디면 목차가 있다

능선 어디쯤 멈춰야 할 지
하늘과 얼마나 가까워야 할지,
고민을 서두르게 하는 초입에서, 사람들의
후각과 청각으로
말랑해질 때까지 입김을 불어 넣는다

채집한 바람의 향기는
구석구석 들어선 많은 침엽수의 진한 시어詩語다
꽃과 풀은 책 속의 부호이다
나무와 꽃 사이 존재하는 경계는
오래된 경전이 놓인 자리처럼 경건하다, 근엄하다

쪽, 쪽마다 각기 다른 사유와 은유로
알맞게 부화한 여백을 읽고 가는 사람들, 하나 둘
층층계단 간격을 두고 걸음 옮긴다
길 밖의 것들이 서로 끌어당긴다, 뒤틀린 뿌리가
벌떡 일어나 또 한 그루의 나무 이름을 갖는다

표제가 된 문수산, 산림욕장 책 한권
슬며시 배낭에 숲을 넣고
내 생의 시간 속으로 훔쳐온다

애교스런 절도죄가 허용되는 숲의 관용
그곳에서는 느림조차 새치름 푸르다

공존의 기원

5월의 마지막 날이
돌방구지* 강 언덕에 앉아 한 줄
시를 쓰고 있다

수레국화 바람에 흔들리는 소리
염탐하듯 홀로 듣는다

환청, 한쪽 청력을 잃은 여자에게도 들리니
얼마나 다행스러운지 몰라

인적없는 한강 하구에서 너는
농부 페르귄트 내 노래는 솔베이지가 된다

푸른하늘 연신 들락거린 강물은 염색이 잘 되었다
그제서야 바람 돌아가잔다
임자없는 바람 그만, 돌아가잔다

일렬로 늘어선 오후, 재두루미 가버린 방향으로
멀찌감치 떨어져 날아가고 있는 귀 밝은 한 무리 새,

그 어색한 동반의 날개들
홀씨가 날아가기 전 오래도록 눈빛을 주고 받았지
나를 잊지 말라고 멀리가도 기억해 주라고

우주의 하루가득
불멸을 자처하는 필연관계의 너와나
무엇과도 치환 할 수 없는
이 아름다운 세상, 사람들, 들과 나무, 이파리와 꽃
어디선가 숨쉬고 있는 나와 다른 너

새삼, 빚어진 영혼의 母音

* 돌방구지 : 재두루미 취식지인 습지생태지역/김포시 고촌읍 전호리

이 기 은

- 정적
- 노거수
- 물떼새
- 개화
- 난꽃
- 압화(壓花)
- 손등에 나이테를 새기다
- 밤은 혼자 오지 않고
- 우물 속 달을 건지다
- 봄날 아침

- 이기은 (필명, 孤松)
- 1958년생, 경북 포항 출신 현, 경기 김포거주
- 著書 : 3권의 시집, 1권의 시조집, 12권의 전자시집 발간
- 共著 : 한국100인 명시선 外 60여 책 공저
- 수상 : 독도시공모전 대상, 서정 문학상 본상, 전국가사 시조공모전 대상(장흥군수), 현대시선 영상시 공모전 금상, 김포문학상 본상(김포시장)등 다수.

정적

이 기 은

초파일 다음날 아침
산문은 활짝 펼쳐져 어제와 같으나
나드는 이 까치발 바람뿐이다
솔바람 스치는 소리 우레처럼 들리고
나뭇잎에 앉은 햇살 몸 뒤트는 소리 요란타
비질 마친 동자승 독경소리 잦아들면
공양간 타다만 장작의 속삭임도 사그라지면
사천왕 눈 부라리는 소리
늙은 목어 아가미 여닫는 소리
운판 위에 노닐던 산새 깃털 다듬는 소리
이윽고 해 저물면, 달빛 고즈넉이 내려서는 소리
오며가며 쓰다듬던 이끼 낀 돌탑의 한숨소리
오백년도 더 묵은 고찰의 신음 소리
사바의 엇갈린 인연 하늘 향해 침 뱉는 소리
돌아앉은 부처님 눈꺼풀 닫으시는 소리
소리들…….

노거수

팔 다리 움직일 때마다
푸석해진 관절의 엄살이 부풀어
달팽이관 굽이굽이 거친 음계 쌓여간다
바람이 불지 않아도 흔들리는
허공을 안은 밑동
소슬바람의 방문에도 호들갑 떠는 공명
그것으로 거대한 몸속 인내가
긴 세월동안 증발하였다는 것
우듬지에 몇 잎 줄기세포 달았지만
그리하여 따신 햇볕 적층되길 바라지만
하루 살기에도 턱없이 부족한 호흡
신음처럼 뱉어지는 지청구만
골 깊은 주름사이 메아리로 떠돈다
거친 바람에도, 무의식의 이별이 두려워
밤새운 마른 생각
일력을 넘길 때 마다 경직되는 뼈마디
골 다공 심한 일상 웅크려
움트는 생명 온기로 보듬고자
저를 버린 노거수 부신 노을 빛 해거름
붉디붉게 타오르는 해묵음이여.

물떼새

그녀의 다리는 볕뉘처럼 가늘다
목은 솟대를 꼭 닮았다
가녀린 목을 까딱까딱 흔들며 걷는 모습은
영락없는 내 어릴 적 기억 속 순이 모습이다
여름 햇볕 곱다시 눌어붙은 강변에
달구어진 자갈 같은 알을 낳은 그녀는
거짓말 연습이 한창이다
자식이 혹여 다칠까
눌은 볕에 쪼그리고 앉아서 하품을 한다
아직도 처녀인 듯 다리를 꼬며 걷기도 한다
알 껍질에 자갈 옷 입힌 것부터 고차원의 위장술이다
저만치 집을 바라보며
이슬 잠을 자는 것도
세상을 현혹하는 엄마만의 능청스런 몸짓이다
엄마는 원래 그런 것인 양
그녀의 뒤태에 빠져 당달봉사가 된 승냥이들
세상이 요지경속이란 것을 절실하게
체험하게 될 것이다

개화

푸른 병사들이 달려와
포신에 화약을 채운다

겨우내 서럽던 삭풍의 울먹임으로
검게 태운 언약엔
너털웃음보다 강한 발화의 의지가 있어
포신을 가득 채우는 순간
격발 없이도 개화하는
섭리의 맞춤이 분명하다

일정한 시간마다 찾아와 준
낮과 밤 그리고
조곤조곤 꽃의 생애를 태교한 새벽별들
순진무구한 꽃의 웃음 뒤엔
순진무구한 것들의 헌신

밤과 낮의 아귀 맞춤
바람과 서리의 고단한 단련이
적층된 화약의 세도가 되어

팽창할 기회를 엿보고 있다
느리지만 비움 없는 채움

순간의 발화를 위한
병사들의 분주한 움직임
눈썹달 가년스러운 미소 새벽으로 지면

자! 봄이다.

난꽃

겨우내 야윈 햇살의 허리 부여잡고
미완의 아리아를 불렀어
획을 늘리고 의미를 확장하던 날들에 비해
차갑고 인색하여 사막화 된 시간들을
푸름으로 항거하던 너에게서
태기를 느낀 것이
입춘 즈음이었나 보다

한 꺼풀 두께를 늘린 햇살이 탐스러워
발코니 창을 슬몃 열었더니
원망처럼 감겨드는 너의 향기
그예 몸을 풀었구나
잘린 탯줄 마를 새도 없이 피고, 피운 일경구화
들창 비집고 든 삭풍의 지청구
용케도 이겨낸 단아한 모습의 태교
그것으로 짐작 가는 화용월태의 경건함
긴 삼동의 어둠이 짙고 가팔라서
아침은 더욱 밝고 고와라.

압화(壓花)

푸름을 밟고 설 용기가 압류됐다
세상과의 단절이라 설정한 유리관 안쪽
영생을 얻으려 박제된 향기
죽어 천년을 산다는 주목의 미소 두른
바스러지는 것에 대한 두려움
바람에게도 허용되지 않는 접견권
예약된 시간 거스를 수 있음은
오직 계산된 만큼만의 곁을 주는 일
비록 압화란 문패 내걸었지만
생애의 향기 남기고 싶은 욕구

시나브로 가진 색 다 바래고
건조한 일상에 온기마저 내 준 아침
이슬의 키스 감당할 자신 없어
모세관의 소통마저 차단한 강단
말린 웃음으로 추스르는 오방색 꿈
각진 벽 모서리에 못 박힌
야윈 향기여도, 꽃이기에…….

손등에 나이테를 새기다

나무는 가슴에다 나이테를 새기지
사람은 자기 손등에다 나이테를 만들어
가끔 나이를 밝히고 싶지 않을 땐
손을 주머니에 넣으면
나이를 숨길 수 있지, 그러다가 나이를
잊어먹기도 하지만 그래도,
나이를 알고자 허리를 자르진 않으니 얼마나 좋아

얼마 전엔 말이야
백년도 넘은 느티나무가 있었는데
나이가 참 궁금했나봐
배불뚝이 톱을 가져와서는
양손에 침을 잔뜩 뱉어 바지에 쓰윽 닦고는
쓱싹쓱싹 나무의 허리를 베더군
짐작한 것 보다 나이가 어리면 어쩔 심산이었을까

나이는, 이어 붙이기가 안 된다는 설
잘 알 텐데 말이지, 사람들은 그래
저는 숱한 세월 손등에다 새겨 주머니에 감추고

나무에겐 감추지 말고 껍질에 새기라 하지
나무도 부끄럼이 있어 껍질에 새기긴 싫었거든
그래서 아무도 몰래 가슴에 새기는데
사람들은 참을성이 없어
기어이 가슴을 열어 서럽게 하지
저는 싫어하면서, 내가 싫은 것은
남도 싫다는 평범한 진리, 깨닫지 못했나 봐.

밤은 혼자 오지 않고

보리밭 고랑에서 삶을 캐던 어머니
하고많은 날 밭 고랑에 앉아
세월을 음각하듯 호미질 하셨지요

호박순 따다 된장 끓이며
맵디매운 짚불 연기에
눈물도 어지간히 쏟으셨지요
외지 나간 자식 걱정
별 빛 무너져 내리는 저수지 둑에 서서
먼 신작로에 기다림을 두고
여름밤을 지새우기도 하셨지요

세월 겹겹이 쌓인 손잡으면
그 세월 휘적휘적 달려와
속내 드러내며 한 바탕 울음 웁니다

밤은 혼자 오지 않고 상념을 날고 와서
어미 향한 그리움만 들추어 놓고
온길 되돌아 어제로 갑니다.

우물 속 달을 건지다

묵청(墨靑)빛 하늘
오롯이 우물 속에 빠졌다
구름, 별, 바람, 달
이끼 낀 돌을 밟아 미끄러지며
내일마저 빠졌다
건져 올릴 그 무엇이
어둠에 잠겨 보이질 않는다
체념이란
넉넉한 사람들이 쓰는
미사여구
동아줄에 두레박 달고, 첨벙
끝이 보이지 않는 우물에 던진다
차가운 물이 튄다
구름도, 별도, 바람도, 달도
튕겨져 버렸다, 꿈인 듯
돌아선 가슴에
울컥 이며 흘러내리는 것은
우물에서 건져 올린 설움인가
나약한 나(我)에 대한
원망인가.

봄날 아침

허드렛물 위로 입술 몇 개 떠다닌다
아직 입술연지 바라지 않은
새댁의 입술이다

아침잠 많은 시어머니의 귀는
그믐밤인 듯 깜깜하다
하여 쫑긋대는 위험이 사라진
우물가 허드렛물 위로
시어미 속곳이며, 시아비 젖은 방귀
시아주버니의 시어빠진 하품까지
새댁들의 파시엔
시댁에서 가져온 품목들만
빼곡하게 전시되어 있다

윗마을 사는 새댁은 무심하지만
아랫녘 갓 시집온 햇댁은
혹여 둥둥 떠내려간 입술이
시어미 귓전에 앉아 알랑방귀 뀌어댈까
할 듯 말듯 삐죽거리다

끝내 꾹 다문 입술 위로
서방님 그리는 웃음만 수줍다

봄볕의 애무에 자지러지는 벚꽃처럼
스멀스멀 미소 번진 새댁들의 입꼬리가
눈썹달 닮아 가는 봄날 아침이다.

이 준 안

- 꿈은 힘의 미래
- 억새의 자서전
- 여우재의 추억
- 지아의 탄생
- 편 지 (1)
- 편 지 (2)
- 아파트에 장 서는 날

- 한국문인협회 회원
- 한국문인협회 김포시지부장 역임
- 한국예총 김포시지부장 역임
- 현, 산림문학회 이사
- 시쓰는 사람들 동인 회장
- 김포시 산림조합장 역임
- 핸드폰 : 010-7304-2004

꿈은 힘의 미래

이 준 안

잠든 역사를 숨결 속에 고이 간직한 북성산엔
우직한 머슴이 삽니다
머슴은 오직 찬란한 꿈을 꿉니다

찬란한 꿈의 영혼이 뒹구는 짙푸른 창공이
꿈꾸는 머슴을 부릅니다
머슴은 꼭 가야합니다
머슴의 찬란한 꿈속엔
아이의 아름다운 노래가
아이의 예쁜 꽃송이가
그윽한 향기를 꿈꾸고 있기 때문입니다

그러나 가야할 짙푸른 창공은
너무나 높고 멀고 험악합니다
그래도 길을 찾아 가야만 합니다

센바람이 회오리칩니다
침울한 낙엽들이 어스름 속 메마른 길섶에서
가망조차 망각한 체 우수수 뒹굽니다

찬란한 꿈의 영혼이 뒹구는 짙푸른 창공이
꿈꾸는 머슴을 또 부릅니다
머뭇거릴 수 없습니다

우직한 머슴은 포효하는 꿈의 갈기를 거머쥐고
힘차게 달립니다

저, 짙푸른 창공을 향해

억새의 자서전

억새씨 하나가 울음보 터트린 빈 곳간에
보랏빛이 우수수 쏟아졌습니다

억새가 우울한 속옷을 찢어 던지자
남빛이 온 누리에 용솟음 쳤습니다

펄떡이는 파란 불길 속으로 뛰어든 억새는
이글거리는 심장을 맹렬히 태우곤
그 곳간에서
주홍빛 향기를 품고 해맑게 웃었습니다

억새는
고운 노을 쏟아지는 초록빛 언덕에서 뒤돌아 봅니다
영롱한 무지개가 펄럭입니다
아, 아름답구나!

그런데 웬일입니까
예제서 아름다움을 비집은
멍든 기억이 음각된 반사경들의 지릅뜬 눈길들이

눈매

빈 곳간에 두 무릎 꿇고 심신을 굽힌
억새의 여윈 두 손, 간곡한 기도

놀랍게도
억새 두 눈가에 맺힌 고요한 미소
그 미소의 진원은
차갑던 노을 눈매를 스친 엷은 미소가 아닐까

여우재의 추억

만종의 울림처럼
중구봉에
갈 빛이 그윽이 젖어 드는데
凍풍 휘몰아칠 그 날들이
흙으로 얼룩진 어미 얼굴의 주름들을
거친 눈초리로 바싹 조여
솔 짙은 고갤 한숨으로 넘는다

갈바람 우쭐거리는 쪽박산을 더듬어
땀에 절은 노란 솔잎 한 동 동여 이고
지는 햇살 놓칠라 맘 졸이며
외줄기 고갯길을 허위허위 되오르면
산그늘이 내려서는 내리막 저만치에
삽자루 내던지며 빈 지게 걸머지곤
엄니-! 하는 긴 여음을 뒤로 하고
굽이진 고갯길을 휘어 오르는 풋 총각

뭘 왔니! 하곤 아들을 쓸어안는 어미의 마음
흙주름마다 기쁨이 밀물처럼 돌고

옥 조이던 눈초리는 썰물처럼 쓸려 나갔지
거만한 햇살도 굽히는 솔숲사이로
어미와 풋 총각 오르내리고
까투리 알 낳고 산토끼 새끼치고
중봉선생이 하늘 우럴어 여의주 물던
외줄로 휜 가파른 여우재

지금은 그림자에 숨어 신음하는-
한 조각 남은 추억조차 싸늘하다
어둠도 마음 놓고 잠 못 이루는 고갯길을
파르르 떨며 초침 더듬는 불빛 행렬
저마다의 까칠한 사연들이 푸시시 일어나
상복 입은 내게로 와 다시 잠긴다

지아의 탄생

소식이 그리워
동쪽 푸른 하늘을 본다
이침 까치의 비상이 눈부시다

찬란한 태양이 펄럭이는 팔월의 아침
잔물결이 보석처럼 뒹구는 호숫가에서
인어로 환생한 백로가 우아한 리듬을 뽐내고
휘늘어진 능수버들을 휘어잡고
송골송골 맺힌 팔월의 땀방울을 흠치는
매미 쓰르라미의 시원한 노랫자락
소박한 풀꽃도 귀여운 물새도 모두 으쓱 으쓱 어깨춤 춰

순간!
춤이 뚝 멎고 노랫소리도 멎고
푸른 물소리조차 숨죽인 고요 고요
그 침묵의 초극점에서 미세한 떨림이 전율로 다가서는
찰라!

'으앙!'

온갖 숨소리가 다시 터지고 백로가 춤추고
매미 쓰르라미가 노래하며 펼치는
멋진 팔월의 오케스트라

소박한 풀꽃 귀여운 물새
모두 눈시울 적시며 축복하는 호숫가에서
꽃을 든 할배 할매도 '에루화 얼시구 절시구'
덩실 덩실 춤추는 행복한 팔월의 아침

" 걱정 마. 잘 클거야 "

할배 이 준 안 · 할매 오 명 희

편 지 (1)

차디찬 새벽
30인치도 안되는 허리에
투피스를 무겁게 걸치고 검푸른 어둠을 헤치며
백리 길 삶의 전장으로 떠나는-
칠십을 살아 겪은 어떤 무게 보다
더 무거운 밤별을 이고 귀가하는-
외동딸 수미

외동딸 수미를 보내고 기다리는
애비의 가슴은
왜 이토록 안타깝고 외롭고 보고 싶음이 간절한지
우울증일까

딸 수미야!
아마 쇠창살에 깊이 갇힌 애비의 죄의식 속에
오롯이 네가 있기 때문일 거야

어쨌든
네 인생은 너만이 이고 가야할 네 운명의 길

드넓은 파란 여백에 눈부신 살구꽃 꿈을 그리고
그 그림을 아름다운 현실로 실현해
행복을 누리면

애비의
어리석은 두려움 산산이 부서져 내리고 그 자리에
한 아름 네가 피운 우아한 살구꽃
그 꽃향기 흩날리는 동안 애빈 몹시 행복할 거야

딸 수미야!

편 지 (2)

• 친구야, 그래도 난 행복해 !

지난3월 선거에 친구들의 뜨거운 열망에도 패배라는 실망을 안긴 죄 어찌 하오리까. 친구야, 지금 중구봉산에 아름다운 4월 봄꽃 활짝 피었으니 용서해주시게. 노호 건희 순찬 철모 범진 만식 덕호 명화 수윤 용배 용식 정숙 상의 인영 민덕 근희 만이 민택 용호 구영 철호 성회 무흠 세국 현영 관식 석만 연옥 옥분 동분---아. 이번 선거에서 보여준 친구들의 그 뜨거운 불꽃 영원히 잊지 못할 감동이었어. 그 우정, 난 영원히 잊지 못할 거야.

• 친구야! 새삼 생각 난다

–풍무리 양도 호남이 불로 김포여상 애들 풋 가슴을 태우고 울리던, 그리고 쌀쌀한 초봄, ?만 가린 나체로 걸포 앞강 뒷강 누비며 투망질해 잡은 물고기를 우정탕 끓여 진로 친구들 불러 모아 끈끈한 정을 나눠주던 근재.

– 뼈아픈 가정사 고뇌를 깊숙이 숨기고 석양을 바라보며 친구들을 몹시 그리워하던 자연이

– 그 외에도 홀연히 귀천한 몇몇 친구들의 아련한 뒷 모습 들. “네놈들 보다 더 오래 살거야” 라며 친구들에게 큰소리치더니 왜 먼저 갔느냐

– 석양 비껴드는 주막을 떠올리며 친구들을 몹씨 기다리던 남자 병

호. 얼마 전 작고하신 당신 엄니보다도 더 쇠약해진 당신이 몹시 안타깝구나

– 남다른 천부적 감성으로 친구들을 늘 감동에 흠뻑 젖게 하던 감동의 전도사 달호, 아까운 당신도 지금은 병마에 시달리며 고통 받고 있으니 그 또한 가슴 아프다

– 병호야, 달호야, 그리고 고통 받고 있는 모든 친구들아!

그 아픔 속에서도 기쁨을 열심히 찾으면 작은 조각이라도 몇 개 찾아낼 수 있지 않을까. 어쨌든 간절히 간절히 두손 모아 모두가 기도 할 거야

• 늘 그리운 친구들아, 우린 한배에 탄거야

옛 부터 '덧없는 세월' 이라는 데 가는 세월 어쩌겠냐. '너와 나' 같이 웃고, 울며 황혼을 청춘으로 가꾸자구나!

〈씨–, 우리 친구들 손에 쥔 건 오직 그 놈의 석양배 뿐인데, 뭘! 〉

아파트에 장 서는 날

민속놀이로 부활한
살기와 살리기의 흥겨움이
아우성치는 장터에

빛 죽은 날빛에 뜬구름 지고
대문 잠그는 소리에
장똘뱅이도 지고
오직 어둠속에 홀로 남은 건
집 생각 서러워 시름 깊은
초라한 튀김 장수의 주름진 눈망울

굽이치는 삭풍이 움켜쥔 어둠은
시계소릴 부수고
애절히 끓는 튀김소린
튀김장수의 이즈러진 눈시울에
빗소리 같은 아이의 울음으로 다가와

삭풍이 버리고 간 어둠에
고요히 솔잎소리 떨리고

텃새 한쌍의 눈길이 그 아래

오솔길을 더듬네

김포시산림조합장 이 준 안 지음

임 송 자

- 꽃눈
- 살구를 줍는 아침
- 숫돌의 고백
- 초록을 동봉하다
- 초가을 밤
- 적멸
- 봄 곁의 여름
- 울음을 헹구다
- 저문 산
- 전류리 포구

- 제1회 산림문학상 수상
- 2014 올해의 좋은 시 수상[시마을 선정]
- 한국작가회의 회원,
- 한국산림문학회 이사,
- 한국문인협회 인천지회 회원
- 시집[그 날이 어제처럼 지나간 즈음]
  [풍경을 위로하다] 외 3인 시집, 공저 다수

꽃눈

임 송 자

눈을 감고
캄캄하게 스위치를 내려버린 아버지
다시 켜 보려 했으나 어려운 일이었다
몸을 닫아버린 나무 한 그루
이 쪽에서 저 쪽으로 옮겨 심는 일 뿐인데
냉이꽃도 꽃다지도 차마 눈을 뜨지 못했다

산천의 이른 봄은
새로 심은 뿌리 쪽으로 물기를 실어나르고
우리들도 살아 온 날만큼의 습기같은 걸 그 위에 보태주었다
다시 그림자를 만들어보라고 봄볕도 길게 맘을 써 주고
꽃같은 날들만 있으라고
머리맡에 일찍 철이 든 참꽃들 몇, 붉게붉게 울먹였다

꽃눈
온 몸에 눈을 달고 꿈을 꾸는
참꽃 가지 하나를 아버지마냥 데리고 왔다
물을 마셔봐요 어서, 그리고 눈을 좀 떠 봐요
누구는 눈을 뜨고

누구는 눈을 감고
해마다 곱디고운 꽃눈으로 오시라고
보드라운 흙속에 지난 날 긴 관 하나를 묻은 것이다
제기랄, 봄

살구를 줍는 아침

살구나무가 손을 놓았다
거침없이 툭,
관계를 끊는 몸짓이 단호하다

열매를 놔 준 공중의 푸른 시간을 얼마나 가뿐한가
어둑하고 움푹했던 그늘이
일순 환하게 살이 찬다

열매들은 땅에서 더 정중했다
낙과 落果
누군가 무너뜨린 것을 마주하는 일인데
줍는 마음도 떨어진 둘레도
그지없이 둥글고 순하다

숫돌의 고백

날 세우는 데
한 生을 다 써 버렸다
녹슨 시간들이 무량하게 다녀갔다

누군가를 미워하는 데
맘 벼르고 사는 데
생떼같은 젊음도 다 써 버렸다

몸 축내며 시퍼렇게 살아 온
모질고 몹쓸 짓
날도 무르익으면
상처없이 너에게 갈지 몰라
그렇게라도 위로 받고 싶은
삶인지 몰라

초록을 동봉하다

나무의 맨몸에서 잎이 돋을 때
젖니가 돋을 때처럼 근질근질했는지 몰라

한 뼘씩 세상밖으로 푸른 빛을 밀어낼 때
아가의 첫 걸음마처럼 아슬아슬했는지 몰라

나는 오래도록 헛발을 디디며 살아왔다는 생각
어림짐작으로 세상을 살아왔다는 생각

잎사귀 하나의 초록을 진종일 재고 또 재는
자벌레만도 못한 거 같아 가만가만 불편을 견디다가
그래도 꿈이 달았던

거꾸로 아주 먼 나에게
오월의 찬란한 초록을 동봉하고 싶은 것이네

초가을 밤

장꽝 언저리에 늦봉숭아가 담뿍 피었다
바랭이풀을 뽑아내지 않은 게 다행이다
풀벌레 울음위로 초승달이 핀 것이다
손톱만한 달을 보면서
모자람도 저렇게 그윽할 수 있구나 생각한다
살을 채워가는 저 달이나
몸피를 줄여가는 어머니나
별반 다를 게 없는 저무는 속도
공연히 붉은 꽃잎을 따서
지나가는 바람도 한움큼 따서 별빛 달빛 짓찧어 넣고
폐허에 꽃을 심듯
어머니 손톱에 꽃물을 들인다
우둘투둘 허술한 세월의 끝을
수리하듯 다져 얹고 동여매는 동안
초승달 같은 가는 눈을 하고
들여다보고 또 들여다보시는 어머니
오늘밤 어머니는
손톱보다 먼저 물든 붉은 가슴으로
먼 데를 거슬러 다녀오실 것 같다

적멸

담장이 고욤나무에게 기대었는지
고욤나무가 담장에게 기대었는지
서로가 서로에게 깊어지기로
단단히 맘 먹은 것이다

바람도 어깨를 낮추고 들어가는 집
빈 집의 뒤뜰에 아주 오래 되었을
캄캄한 고욤나무 한 그루
추억을 달여 먹는 노인 같다, 비스듬히
번열을 제거하고 갈증을 그치게 하며
마음을 가라앉힌다는 고욤나무 열매
그 착한 품성이
빈 집을 거느리며 사는 것이다

나는 바람보다 더 낮게 허리를 구부리고
고욤 털던 먼 날의 왁자함을 눌러 밟으며
그 집에 들어 서 보는 것이다

수십 섬이나 되는 저 고요와

수만 근이나 되는 저 적막을
어디 가서 만날 수 있으랴
간신히 서 있는 나무는
죽어서도 할 일이 많다는 듯
허공에 팔을 들고 저녁 새떼들을 불러 모으는 것이다

봄 곁의 여름

곁이란
가만히 이어져서 뜨겁게 그렇게 하나가 되는 것인가 봐
아버지 곁의 어머니도 그랬던가 봐

봄 곁의 여름처럼
슬며시 기대어 조용히 우거졌나 봐

이른 봄 곁을 떠나 보내고
여름내 그 무덤가 잡풀이며 칡뿌리를 캐내는
삼복의 어머니가
오래 된 내 곁 하나가 고요히 타 들어갈 것만 같아

좀처럼 그 곁을 떠나지 못하고 웅덩이처럼 고여 있는데
땡볕에 고단하게 시들어가는 저 지극한 삶 한 포기

"느그 아부지가 옛날에 느그 아부지가"
그렇게 말 할 적에는
아직도 숲처럼 우거지나 봐

울음을 헹구다

처서가 한참 멀었는데
하필이면 화장실 세탁기 아래
일찌감치 자리를 잡았다

방울벌레인지 풀종다리인지 아니면 왕귀뚜라미
절규라고 해야하나
오열이라 해야하나
가슴이 넓어야 울음도 깊다는데
타일바닥이 무너질 듯 애절하다

컴컴한 어둠을 밀어 올리는 울음의 힘
날이 갈수록 울음은 여물어갔으나
사랑에 이르지 못하는 홍건한 저 습기
몸 속을 흔들다가는 긴 빨랫줄에
날마다 헹구어 널어 주었다

문득 순애 오빠가 생각났다
쉬흔이 넘도록 장가를 못 간
가을이면 더 홀쭉해 보이던
아직도 금강에서 물고기를 잡는다는

그도

그 강가에서

귀뚜라미처럼 울려나

저문 산

저물어간다는 것은 뚜렷해지는 거다
해질녘 산의 능선을 보라
산은 천천히 사라지고
어둔 기슭에 온기를 만들어내는
선 하나의 완성을 보라

겨울은 저물어 봄이 되고
날은 저물어 노을이 되고
꽃은 저물어 씨앗이 되고

나무는 저물어 그늘을 거느린다는데
나는 저물어
사람에 이를 수 있겠는가
사람의 근처에서 뚜렷해질 수 있겠는가

전류리 포구

물도 길을 가다가
물을 만나면 반가운가 봅니다

아래 쪽으로 흐를 줄만 아는 강은
거꾸로 올라오는 바다를 만나
좋아서 어쩔 줄 모릅니다
뒤집어 집니다

이 짠물 같으니라구
이런 맹물 같으니라구
서로의 어깨를 쳐 주기도 하다가
엎어져 한 바탕 속마음을 풀어 놓으니
꾸중물 일색입니다

깊고 푸른 것도
부럽지 않습니다

정 진 수

- 황금빛 노을
- 조약돌
- 낚시
- 강물 따라 걷다
- 억제(抑制)
- 공작산 가는 길에
- 어느 가을 날
- 별자리 이야기

- 한국문인협회 모국어가꾸기위원회 부위원장
- 국제PEN 한국본부 회원/한국현대시인협회 회원
- 한국문학신문사(국보문학)작가협회 부회장
- 국세지(국세청)표제시 작가
- 『PEN문학』『세계한글작가대회문집』『월간 문학』『월간 문예사조』『월간 국보문학』
- 『계간 문예』『세계시문학』『국세지』『계간 문학세계』등 공저 다수
- 『아시아 신문』, 『한국문학 신문』, 『의사협회 신문』등 언론사에 시 발표
- 시쓰는 사람들 동인지 제10집『꽃과 햇살과 그리고 사랑』제11집『장능산의 징소리』
- 한국문인협회 「백두산 및 동북3성 우리역사기행」작품낭송회
- 구로문인협회 구마루 작품낭송회 낭송시 등 다수
- 「문협육필 전시전」, 「서울역 전시전」, 「시청역 전시전」, 「구로역 전시전」작품 출품
- 월간 문학지 『문예사조』 에「간이역, 장마」등 시 당선으로 문단 데뷔
- 문예사조 신인상 수상
- 국세문예전 국세청장상 3회 수상
- 세계시문학상 수상
- 문예사조 문학상(최우수) 수상

황금빛 노을

정 진 수

낡은 토담집
넘나드는 바람이
어디에서 금을 실어 나르는지
개울가 미루나무 가지 끝에
넌지시 걸어놓은
금빛 어스름 햇살,

산모롱이 여울물의
촘촘한 조약돌
흔들고 있는 내 그림자도 금빛이다

평화로운 마을에서만
황금빛 드러내는,
서러움을 감춘
노을의 속내 알 것 같아

조약돌

탯줄 자르기 전부터 불근 주먹 쥐고서
밖으러 나가려니 무서워 온몸이 돌덩이가 되었던가 봐
돌덩인 무럭무럭 자라 바위처럼 커지게 되었지
너무 무거워 나를 깨부수기로 작정했어
한 겁(劫) 세월 비바람 속에 방치했다가
반짝거리는 은하의 강물에 불리면
날카로운 직선이 곡선으로 변하기에
날마다 밤엔 달빛에 담가 낮엔 정(釘)으로 쪼갰지

마침내 강철 같은 사각 얼굴이
동글 동글 둥글어지기 시작했어
들여다볼수록 오랜 지기처럼 맘이 편했어
자연스레 불끈 내 주먹이 사르르 풀리기 시작했지
이젠 하늘 닿는 야트막한 언덕에 오르면
여울물 소리 아이들 옹알이로 들리고
초록 물감 푸는 물푸레나무들
비비주 이파리 따는 보래알과 구르며
난 더욱더 작아지고 있는 중이야

낚시

흰 구름 산허리 휘감긴
산골 저수지 낚시터
떠도는 마음을 찌에 매단다

질기고 질긴 구애가
또 다른 나의 덫이었음을 알았을 때
요란한 방울채 소리는 물밑으로 사라졌다

투명한 산천어 꼬리를 흔들며
싱싱한 갈대와 춤추고
고독한 고립 속에서

세상 어디에도 귀속되지 않는 나,
물밑에 잠긴 깊은 사유의 물고기를
건져 올린다

강물 따라 걷다

강바람 따라
푸른 갈대 머릿결 출렁이고
하얀 조팝꽃 가르마 타는 강변길
아내와 함께 걷는다

노을이 연인산 품에 안기면
그림자 숨기느라 바쁘고 바쁜 강물속
밤꽃 이파리 흥건한 강둑길에
우리 부부만 남겨진다

떠돌며 떠돌아, 외롭고 외로운
물길을 끝없이 끝없이 흐르는 강물도
가족이 있는 걸까
강물 속에서 별이 반짝인다

별들도 가족의 길을 만드는가 보다
강물속 별길 따라
모두 함께 행복하게 흐르고 싶다

억제(抑制)

아! 가을이 왔습니다
이렇게 오늘처럼 청순한 하늘을 보면
잊혀진 그대가 떠오릅니다

아득한 들판에 붉은 야생화는 피고
여름날 풍성했던 로망스는
이 가슴 귀퉁일 툭 건드립니다

동굴 속 암각화로 새겨진
그 날 사랑의 조각들,
그냥 책갈피 속 붉은 단풍잎 되라고
다시 한 번 꼬옥 눌러듭니다

갈대들 속삭임 바람에 난무하여도
짐짓 딴청 부리며
푸르른 하늘조차 눈을 감고 고갤 돌립니다

공작산 가는 길에

은빛 좌운 저수지 맴도는
상서로운 기류 속엔
그대 머릿결 향기
싱그러운 들꽃 향 머금고 있소
아름드리 느티나무 아래
바람이 쉬고 있을 때
그대와 나,
옹이 박힌 발걸음 쉬어 갑시다

혹여, 저수지로 날아드는
이름 모를 새들 눈동자엔
우리 부부가 공작새 한 쌍으로 보일지도 모르잖소
여보 오늘 같이 좋은 날

자연을 즐기는 새 한 쌍의 나들이
지금 누가 그림으로 그려준다면
저 푸른 하늘에 걸어 두고만 싶소

어느 가을 날

안개 낀 중부내륙고속도로
연풍 나들목에서 두릅재 넘어가니
산 너머 개인 하늘에는
'윤동주'님 가을빛 가득하였다

고적한 산자락 과수원엔
햇살 머금던 홍노, 부사 두런두런
끝듬지 익은 뾰족감 이야기 소리도 들렸다

마의 태자, 덕주공주의 설화가 살아있는
덕주사 돌아 월악산 올라서니
단풍나무
은행나무
생강나무
배롱나무
서어나무 오색빛 너무나 아름다웠다
도토리묵 집 창문 밖
한 줌의 투명한 가을 햇살,
아내처럼 아늑하고
수안보 온천장 어머니 품속 같아
몸과 마음을 풀어놓고 단풍물 곱게곱게 물들였다

별자리 이야기

함지(咸池)로 숨어 버린 님을 찾아
미루나무 사이로 살며시 스며든 별빛
신들의 이야기 가지고 지구로 지구로 내려오지

작은 곰과 큰 곰자리는
사냥꾼 아들과 어머니의 슬픈 이야기
거문고 베가星, 독수리 알타이르星
견우와 직녀의 사랑 이야기도 들려주지
은하수가 되어버린 여든여덟 개의 별자리
카페우스왕과 카시오페이아 왕비
안드로메다 공주와 페르세우스 왕자
별 가족 모두가 빛나는 주인공이야

우리의 마음속에도 별자린 수없이 많아
오랫동안 알았던 사람들의 다정한 눈빛들,
흘러가버린 추억의 강물 따라
기억의 저 편에서 소중한 보석으로 반짝이고 있어

시 쓰는 사람들 제12집

홍도평 재두루미, 날다

인　쇄: 2015년 11월 16일
발　행: 2015년 11월 23일

지은이 : 이준안 외
펴낸이 : 심 의 표
편　집 : 우림기획
펴낸곳 : 도서출판 우림

등록번호: 제2015-000086호
등록일자: 2015년 6월 22일
주　　소: 서울시 종로구 삼일대로 401-44 (인사동 99)101호
전　　화: 02)725-4961 **Fax.** 02) 722-4961
이 메 일: ep0304@hanmail.net

값 10,000원